늘 건강 하시고
행복 하십시오

__________ 님께

2023년 봄

하 정 선 드림

징검다리

보현寶賢 하 정 선 시집

다솜출판사

시인의 말

누구에게나 인생의 종착역은 꼭 오기에 더 늦기 전에 흩어졌던 꿈 조각을 퍼즐 맞추듯이 맞춰보고 이곳저곳을 기웃거려 봅니다.

몸과 생각이 다르게 느껴지는 세월 앞에 섰습니다.

고향의 옛 추억들이 시의 자양분이 되어 부족하고 서툰 글이지만 주위 분들의 격려 속에서 펼쳐 봅니다.

응원해주신 모든 분 들께 감사드리며 특히 발문에 쾌히 승낙해 주신 부산대학교 명예 교수이신 우전 최원철 교수님께 깊이 감사 드립니다.

2023년 4월에

보현寶賢 하 정 선

차 례

제2부 연못 풍경

제3부　누구의 유혹에도

제4부 가을의 여백

제1부 징검다리

소녀와 소년이 징검다리
건너던 시절
선홍빛 첫 꽃봉오리 터지던
사춘기의 설레임
그 옛날 아득함이다

징검다리

아카시아 꽃향기가 코끝 간지럽히던 날
피라미가 지느러미 흔드는 개울가에서
소녀와 소년이
깨금발로 징검다리 건너던 시절

그리움과 기다림에 젖어있는 마음은
넝쿨 장미가 온 담장을
핏빛으로 물들일 때
선홍빛 첫 꽃봉오리 터지던 사춘기 설레임
그 옛날 아득함이다

서산으로 기울어진 한 줌 햇살에
서리꽃 소복이 피어올라
어디선가 나처럼
빛바랜 세월 앞에 서 있을
돌다리 함께 건너던
그 소년의 안부가 무척 궁금하다

노을빛이 참 곱기만 하다

산사山寺의 밤

불두화 꽃잎이
어느새
씨알 떨구고
구름도 염불 소리에 귀 열어
머물다 간
골 깊은 작은 절

어둠을 걸어오는 달빛도
깨달음이 힘들어
법당문에 매달려 울고 있다

온몸 불태우는 참회 눈물에
촛불도 백팔번뇌로 몸부림치고
디딤돌 위 가지런히 놓인
하얀 고무신 두 짝은
애끊는 중생의 천일기도 중인가 보다

오륙도

갈매기 날갯짓이 고와 보이는 날
바람이 오륙도 허리를 감싸 안을 때
철석 이는 파도 소리
해안의 유람선은 바다 위를 달린다

우뚝 선 등대는
파도 베고 누운 섬들을 응시하고
시야에 들어오는 먼 산들은
한 폭의 수채화다

햇살 삼킨 등대 위에
잿빛 그림자 내리고
먹이 찾아 지친 바닷새들
울부짖는 울음소리 애틋하다

어느덧 땅거미는 저녁노을을
주섬주섬 주워 담는다

바다 이야기

넘실대는 파도 위를
힘찬 날갯짓하는
겨울새 한 마리
먼 바다 안부가 궁금한가 보다

밀물이 싣고 온
먼 바다 이야기는
한순간에 부서지고
가슴에 쌓아놓는 모래 무덤
짓궂게 파헤치고
시린 내 발등까지 적신다

수 억겁 동안 갈고닦은 수행에
모난 돌멩이 몽돌이 되고
잔잔한 파도에 멀미하는 노을은
억새밭 언저리에 앉아
부서지며 견뎌온 모래알을 세고 있다

바다에서 불어오는 끝없는 바람
지나온 발자국에 담긴 사연
빠져가는 썰물에
하나둘씩 물수제비를 뜬다

2월이 오면

심술로 뭉친 시어머니 성미 같은 꽃샘추위에
이집 저집 대문을 두드리고 다니는 바람은
여간 아니다

며느리의 한숨이 눈물이 되어 쌓인 울화통
토하려 하지만
휘청 이는 겨울 가지를 붙들고
속울음을 삼킨다

어서 성화가 풀리기를 기다리다
얇아진 얼음 밑에
시냇물 흐르는 소리 들리면
보여줄 듯 말 듯
숨바꼭질하는 봄에
먼 산 중턱의 잔설이 마음에 걸리지만
매화는 기어이
속앓이한 가슴을 활짝 열어젖힌다

시를 낚다

바람도 눈이 시려 비켜 앉은 자리

잔잔한 파문에 낚시꾼이 되어
강물 속으로 던져본 마음

천연색 물든 가슴 자락
무지갯빛 옷 갈아입은 작은 날갯짓에
큼직한 하나를 낚아 올린다

지느러미 흔들며 달아날까
꽁꽁 묶은 해거름 녘

제 성미에 못 이겨 떨어진 낙엽들
노을 짙은 발밑에서
울음소리 소슬하다

습작하는 밤
풀어헤친 보따리에
한 편의 시가 탄생한다

삶의 흔적

우산 없이 두들겨 맞은
소낙비 같은 삶
세월을 거슬러 올라와 보면
철없이 걸어온 고락의 나날들

아픔과 괴로움은
훌훌 털어 햇빛에 널고
기쁨을 가슴에 심어
행복의 나무로 꽃을 피웠다

뜨거운 열정은
덧없는 인생의 허무함도 보았고
한자 한자 지워나간 이름 석 자 위에
삶의 흔적만 얼룩진 문양으로 남았다

세월이 데려다준 낯선 강둑에 서서
부서지는 포말도 비켜 간 강물
떠 있는 낙엽 한 잎 바라보며
모퉁이 돌아가는 가을 모습이
허허롭기만 한다.

푸른 마음

대수롭지 않게 박힌 가시 하나
증오의 나무가 되어
미움의 싹이 돋아
열매가 열릴까 두렵다

뒤통수 얼얼하게 맞은
화인火印의 자국이 따갑고 아려서
집 나간 허물을 가슴에 불러 모았다

통곡만이 울음일까?
속앓이한 불면의 밤
씁쓸한 후회 속에 멀미가 난다

등을 쓸어내리는 소슬바람이
내 마음을 꿰뚫어도
남 탓하지 않고
텅 빈 대나무로 살고 싶다

목련

기별 없이 찾아든 하룻밤 풋사랑에
열어젖힌 앞가슴 수줍다

여기저기 움 튼 꽃망울들
숙덕숙덕 거리고
길을 잘못 튼 찬바람
하얀 속살에 화들짝 놀라
오던 길 멈춰 서서
고개를 돌려 달아난다

한 겹 한 겹 깃을 세운 열정
오늘 밤 님 오신다는
바람의 귀 띔에
상현달도 구름과 숨바꼭질 하며
꽃등 밝혀 맞이하는
순백의 4월 신부

봄밤이 뜨겁다

구절초

산사의 풍경소리 만추를 붙들고
어둠 속을 헤매던 새벽안개가 머리를 풀면
서리꽃 되여진 가련한 여인

못다 한 서러움에 옷고름 풀어
온 산에 널어놓아도
가슴에 묻어둔 여운만은 털어내지 못한다

염불 목탁 소리
귀에 쟁쟁히 들리는데
놓지 못한 속세와 물들인 인연

늦가을 비 내리던 날
소나무 우산 들고
법화 독경에 귀 열어
서툰 합장하는 애절한 여인
구절초로 피어난다

나루터

산들바람 이고 온 초여름 나룻배에
밧줄 잡은 사공이 휘파람을 분다

스커트 자락이 물비늘에 젖으면
추억 속에 묻혀간 먼 통학 길
사박사박 모래톱에 새겼던 사연
단발머리 그리움이 노를 젓는다

나루터 지나면 강나루에 머문 시선
놓치고 싶지 않는 고운 꿈들이
윤슬로 반짝인다

이제는
은빛 비늘 위로 세워진
콘크리트 다리로 차량들이
쫓기듯 달린다

언 손 잡아주던
선배의 따뜻한 마음이 그립다

여인의 길

두둥실 부푼 배 보다
마음이 더 무거운 아침

자손의 대를 이어야 하는
사명감을 짊어진 나의 임무는
감당치 못할 핍박 소리
귀에는 노랫소리처럼 들려도
마음은 쓰리고 아팠다

뿌리 깊게 잔재 해 있는
남아선호의 풍조가
칠거지악* 七去之惡을 허물로 생각하던 집안의 법도
훌훌 벗어버리고 싶은
여인의 굴레

멀기만 한 숙명
발걸음을 산실로 행하던
여인의 길

* 칠거지악七去之惡 여자를 내쫓을 수 있는 일곱 가지 행동

비 오는 날에

비가 내리고 있다

마음 까지 흠뻑 적시는 상념들
빗방울 떨어지는 창가를 맴돈다

두들기는 빗소리에
우산 안에
작은 방을 만들어 놓고
밖에 있는 것 들을 불러 모아
기억 저편
편린들을 실어 보낸다

추적추적 내리는 빗소리를
가만히 들으면
헝클어진 인생길을 가지런히 정리해 주듯이
내 귀에 숙연히 들려온다

애통哀痛한 이별

짙은 어둠 속에서
마음 닫아 걸어둔 채
오랫동안 방황 길 걸었던 친구

옭아 맺던 신발 끈을 풀어버리고
벼랑 끝에 서서
한 점 꽃잎으로 낙화한
피멍으로 얼룩진 허무한 부고장

머릿속이 텅 비는 듯한 혼돈의 순간
왜 저 길을 택했을까?
누구와의 만남도 외면한 채
한 줌의 부토로 돌아가던 날
햇살도 구름 뒤에서 눈물을 훔쳤다

바람처럼 떠나 간 뒤에는
무수하게 돋아나는 언어들

애통한 마음 안고
집까지 당도한 발걸음
오늘 해도 슬프게 저물고 있었다

화해

지란지교*芝蘭之交 대화의 강이
유유히 흘러간다
우정은 안개 속
바위에 부딪혀 파열음을 내며
마음 둘 곳을 모른다

수심 깊은 강물이
내 등을 다독여도
아물지 않은 큰 자국은
가슴속 옹이로 남아
잊을만하면
불쑥불쑥 내 앞에 선다

비움과 망각의 변곡점은
더디게 오지만
옛정의 화선지에다
화해의 환한 빛에
그리운 얼굴을 큰 붓으로 그려 본다

*지란지교芝蘭之交 벗사이의 맑고도 고귀한 사랑

가을비

촉촉이 적시는 가을비는
지나온 수많은 상념의 빗줄기를 타고
땅 위에서 첨벙 댄다

가을볕에 영글던 열매들
잠시 휴식을 취한 채
깊은 심연에서 들려오는
빗소리가 마냥 즐겁다

우산 없이 젖어보는 마음의 비
차라리 예고 없이
후다닥 내리고 그치는 소낙비라면
흠뻑 젖고 말일이다
애절한 내 마음
언제쯤 비가 멈추려 하는가?

해풍

들려오는 파도 소리
시작도 끝도 없다

물살 가르고
만선을 꿈꾸며 떠난 뱃머리
돌아오지 못한 지아비 기다리다
바쁜 마음 업은 발길
바다만 바라보다 망부석이 된 여인
아비의 넋이 파도를 타고 출렁인다

거품 문 파도의 비명에
해풍은 목덜미를 내밀고
어디로 가자고 나서는 것일까?

바다를 보면
바위틈 사이 뿌리 들어낸 노송은
인고의 아픔을 딛고 온 흔적을
모래 위에 알알이 새기고 있다

날갯짓

수 만 개의 날개가
내 몸에 달렸다 해도
날 수 없는 새장 속에 갇힌 마음
그날 이후
가슴속 사슬에 묶인
한 마리 새가 되었다

가랑잎 뒹구는 소리
창틈으로 새어들어 와
가슴 자락에 매달린다

여명을 뚫고 날아오던
까투리 울음소리 귓전을 맴돌고
서러움이 멍울져 하얗게 붓질한다

희디흰 마음속에 마디마디 엮은 사연
부둥켜안고
푸른 날갯짓으로
너에게로 날고 싶다

피서지를 찾아서

달구어진 대지
매미 소리에 지쳐 토해내는 신음 소리
창밖으로 튀어나온 불빛도
숨을 헐떡인다

피서지를 찾다가
내 마음에 찾아든 골짜기
낯익은 바람과
호롱불 넘나들던 풀벌레 소리
아직도 내 이름 외우고 있나 보다

먼저 온 상현달
알몸으로 물 위에 은파로 부서지고
머리 위로 쏟아지는 별 무리와
나누는 인사
옛 유년의 추억 속으로
빠져본 밤이었다

상고대

문풍지 울던 밤
어머니 솥뚜껑 여는 소리에
아침이 열린다.

밤새 내린 서리가
떨고 있는 헐벗은 가지 위에
하얀 솜옷 입혔다

초겨울 발자국이 소리 없이 다가와
눈꽃도 아닌
시린 은빛 비늘

어머니 적삼 섶을 열어젖힌 칼바람이
눈물방울로 얼어서
하얀 서리꽃 피어올랐다

나목처럼

달력 한 장을 또 걷어 낸다
올해 밑바닥을 훔치는 달
햇살이 내 허락도 없이
거실 안쪽까지 들어와
이리저리 동공을 굴린다.

미련 없이 앞 다퉈
허공으로 몸 날리는 물든 잎새들
다 내려놓은 계절의 쉼표에 서서
낙엽이 부여하는 의미를 되새겨 본다

미지의 세계로 떠난
또 하나의 다른 마음
모든 집착 다 버리고
무아지경으로 들어가고 싶다

언젠가는 놓아야 할 삶 앞에서
가랑잎 밟고 떠난 동무들
인생 무상함 다 비우고 살아가련다.

석양

쉼 없이 달려온 하루
갈대밭 정수리에 앉은 저녁노을은
저리도 몸이 달아
산허리까지 걸터앉는가?

은빛 모래 위에 각혈을 쏟아 붓고
청자 빛 물 위에다 울컥울컥 토해낸다

이런 저런 사연들을 등에 업고
썰물과 몸을 섞을 황홀함에
밀물은 벌써 숨이 가쁘다

길게 누운 산자락
분주한 땅거미 몸놀림에
긴 여행길에 오른 밀물
석양빛 아쉬움을 갯벌에 묻어두고
고즈넉한 밤의 바다로 나가고 있다

홍매화 지다

언 땅 딛고 온 빠른 걸음
눈꽃이 온몸을 에워싸고
설익은 한 줌 햇살에
살포시 눈을 뜬다

지난해 떠나보낸 언약의 그리움
감춘 속내 들어내고
진분홍 단장한 자태
누굴 기다리는가?

찬바람은 소매 끝자락에 머물고
기다리는 마음은 가시지 안했건만
굵은 빗줄기
대지를 두드리던 날
애절한 여심은 짓무른 입술로
뚝, 뚝
눈물 흘리며 지고 있다

빗소리 같은 삶

지난밤
요란스럽게 두드리던 빗소리
봄비답지 않게 창문에 머리를
부딪히며 내린다

밖을 내다보면
낯선 길 헤매고
갈 곳을 잃어 몸부림치며
흩날리던 비
속치마까지 다 젖은 들풀 위로
흙탕물 입혀
울부짖으며 내리고 있다

나도
굽이굽이 인생길
빗나간 삶 원망하며
서럽게 울 때도 있었다

2월이 전하는 편지

검은 토끼 기운 담아
맞이한 새해 각오
작심삼일 로 무디어간다

채우지 못한 날수가 아쉬운 지
미적대는 2月
움츠린 가지 사이로 숨어드는 햇빛
이별을 동봉한 편지에
침묵 속 창문을 두드린다

언 땅 기지개 켜면
논두렁 밭두렁 작은 들풀들
한 줌 햇살 껴안고
보일 듯 말 듯
흙 뚫는 빨간 쑥 머리 에게
다시 만나자는 굳은 약속을 남기고
2월은 3월 다리를 건너고 있다

눈 내리는 밤

하늘은 밤새
순백의 마음을 보내왔다

포근한 잠 속에 묻힌 지상
떨고 있는 나목 위에 솜이불 덮어놓고
다녀간 흔적

여명이 열리기 전에
하얗게 창문을 밝히는
햇살에 부스스 눈을 뜬다

흰 도화지 위에 누구의 발자국도
남기지 않는 사연을 불러 모아
동그랗게 그려보는 얼굴 하나
뽀드득 자국 남기며
내 곁으로 오고 있다

햇빛이 서둘러 갈 길을 알기에
내 마음도 하얗게 물들어
고운 수 한 자락 남기고 있다

흑백사진을 보며

플라타너스 나무 아래
옹기종기 모여 소낙비 피했던
초록 눈망울들
지리산 정기 받은 작은 배움터로
수학 여행길에 올랐던
흑백사진 속

먼 그림자 되어 떠나버린 동무나
가슴에 아픈 가시 묻고 사는 친구도
해맑은 소녀로 서 있다

날개 단 듯 달려온 여정 속에
단풍잎으로 물들기 까지
모두에게 고단한 시간이었지

까마득한 기억 저편
시간을 더듬어
초롱초롱한 옛 눈망울들
소식이 궁금해 진다

당신과 나

억겁의 인연으로 만난
당신과 나
세찬 바람 안고 운명의 실을 감고
떠난 여정 길

삶에는 기쁨과 고통이 있었지만
미운 정 고운 정 지팡이 되어
포개진 발자국
만남으로 싹튼 씨알들
창공을 동경하다 날아간 아기 새들처럼
보금자리 찾아 간 벗어버린 봇짐

여기가 어디쯤일까?
아픈 다리 멈춰 서서
흐린 시야로 뒤돌아 보면
숱한 인고의 밤을 지새운
늦가을 스산한 바람 닮은
당신과 나의 모습 아닐까!

단종의 유적지에서

여명이 새벽을 걷어 낼 때
눈뜬 나뭇잎들은 미소 짓고 있건만
능 앞에 서면
어린 임금의 애사에 마음 아리다

밤새 이슬을 머금은
봉분 위 풀잎조차도 애처롭다

청령포 강물 위에 토해낸
피맺힌 절규
끝내 해로의 꿈을 이루지 못한
정순 왕후의 넋인 듯
구절초 한 송이
능을 바라보고 있다

비통한 영혼과
비난받던 눈먼 권력은 말이 없고
청령포 강물 위에
시간만 유유히 흐르고 있다

참회하는 마음

가랑잎은 정처 없이 굴러서 간다

우듬지 마지막 한 잎 마저도
바람결에 몸을 날리고
다 비운 겨울나무는
시린 마음 다독인다

밤새
흩뿌린 안개비에
온몸 젖어 부대끼는 낙엽들
그 모습 번뇌에 몸부림치는
나를 닮았다

집착을 버리고 아집도 부셔서
참회의 탑을 쌓을 때
멀리서 들려오는
산사의 종소리가 여운을 싣고
내 마음을
조용히 두 손 모으게 한다

가을걷이

세찬 바람 달리듯
인생길 요란한 말발굽 소리
채찍질하며 달렸다

지지 않는 태양 인양
한때 허세 부리던 젊음은
소실점 없는 세월을 저당하고
이미 황혼의 무대에 올려진 삶이다

자국으로 남을
윤기 잃은 뼈의 외마디 소리
세월의 멍에 앞에 서서
하얀 서리 밭에 온몸을 맡긴 채

가을걷이 끝낸 들녘에는
너덜거리는 허수아비 외발이 시리다

커피 한 잔의 여유

팍팍한 삶이지만
커피 한잔 마실 수 있는 여유

찻잔 속에 띄워 보는
인생 이야기
가까이 걸어둔 기억 속에
모여든 추억들
서로를 부둥켜안고 있다

가득 채워진 그리움을
갈색으로 데워 보면
쫓고 쫓기는 일상들이
허기져 비틀거린다

도취 된 커피 향이
마음 창문을 두드리면
미로 속을 헤매는 황홀한 그 맛
이것이 커피 한잔의 여유로움이다

제2부 연못 풍경

두툼한 등 내민 거북이
비단 햇살 휘감고 일광욕 즐긴다

연꽃

따갑지 않는 유월 햇살 아래 진흙탕 연못
청순한 마음 꽃 피었으랴

여름 한낮 소낙비에도
초록빛 하늘을 열고
꽃 지고 씨 내려
한 방울 물까지 떨쳐내는
삶의 틈바구니에서
오욕을 닦아 내면
그 향기 그윽하다

나만의 마음속에
간직하고픈 향기
혼탁한 세상에 물들지 않겠다는
순백한 연잎
불심에 젖은 내 마음
너를 닮고 싶다

연못 풍경

밤새
함박꽃 벙글고
물오른 잎새 사이로
불어오는 바람까지 푸르게 보인다

햇살에 이끌리어
진흙 속 발 디딘
뽀얀 속살 드러낸 수련

수면 아래 떨군 한 잎에
새까맣게 달라붙은 논 고동
오늘 밥상 포식 중이다

두툼한 등 내민 거북이
비단 햇살 휘감고 일광욕 즐길 때
가는 잎새에 매달린 쓰르라미
무슨 사연을 안고 왔기에
두 발 비비며 빌고 또 빈다

미풍에도 수줍어 흔들리는
나뭇잎 짙어지고 있었다

칠석의 노래

이별이 너무 길다
별 등 밟고 은하 건너
길 나선 상봉의 밤

중천에 걸린 상현달은
구름 금침 깔아서
세상의 이목을 가린다

오랜 만남에 애틋한 눈길
별들의 시샘은 끝날 줄 모르고
잠시 만남이 아쉬워
오작교 너머 짙은 그림자를 남긴다

애잔한 눈빛을 외면한 눈물 비
새벽 땅을 촉촉이 적신다
사무친 정한情恨을 어디에다 호소할까?

대원사 계곡 둘레길

달음박질해온 노루 한 마리
타는 목축이고
달아난 대원사 계곡

일주문 옆 바윗돌은
밤새 젖은 이슬에 깨어나
예불에 귀 열면
운무雲霧는 잎새에 하얀 몸을 누이고
아침까지 수행 중이다

솔가지 틈새 사이로
밝아오는 저편 동녘
햇살이 걷어가는 안개 너머로
보이는 파란 하늘

고향 내음 가슴에 품고
그 향기 떠날까 봐
옷 단추를 꽉 채운 채
둘레 길을 서성이고 있다

여름밤

별들이 초롱초롱 눈을 뜰 무렵
매미 울음소리 한가롭고
모기떼들은 짙은 두엄 썩는 냄새에
호롱불 숨소리를 엿듣고 온다

이슬 젖은 벼논에 툭 떨어진
별똥별 하나
인간 삶이 그리워서 내려왔나 보다

평상을 품은 마당에
피어오른 모깃불 향내 속에
어둠 속을 헤매는 반딧불이와
풀벌레 소리가
초가지붕을 넘나들고 있다
못다 한 이야기가
여름밤을 찾는다

변방邊方의 한 송이 꽃

야산에 피어난 꽃 한 송이
향기를 내 뿜으며 자태를 뽐낸다

여름 한낮 소낙비에도
꿋꿋이 버티었건만
어느 날 몰아닥친 태풍에
변방*邊方으로 밀려나서
서러운 침묵의 터널 속을 걷는다

할퀴고 찍혀서
지팡이에 몸을 의지한 채
겨드랑까지 붙었던 진드기들은
저절로 떨어지고
어둠 속을 홀로 걷는다

끝자락에 와서 올려다본 하늘
햇살에 눈이 따갑다

외롭게 멍든 꽃잎은
아픈 상처 다독이며 노을 길을 걷고 있다

*변방邊方 중심이 멀리 떨어진 가장 지역

천둥소리

하늘이 전쟁 중 인가보다
폭우가 쏟아지는 날
은빛 칼날 휘두르며
제우스의 분노가 천지를 뒤흔든다

먹구름 헤치고
얼음장 깨부수는 소리는
죄의 날개를 달고 있는
인간을 벌하는 소리 같다

치부를 들먹이는 호통의 소리에도
녹색 잎들은 흔들림 없이
그대로 듣고 있다

살아오면서
알게 모르게 지은 죄
업業으로 알게 되는 천둥소리에
놀란 가슴으로 자신을 들어 다 보고 있다

장마

하늘은 슬피 울고 있다
오래 눈물을 흘리며
때로는 큰소리로 울부짖으며
창문을 마구 두드린다

나도 살아오면서
후회스러운 삶에
몸부림치면서 눈물 흘린 적 있다

여름 꽃잎은
아름다움을 과시도 못한 채
눈물에 지고
햇빛이 언제 찾아 오려나
기다리는 마음

장대비 쏟아지는 계절이 되어도
흥건히 젖은 내 마음
하얗게 헹구어
부서지는 햇살에 널고 싶어라

한가위

살찐 만삭의 보름달이
솔향기 스민 하얀 쌀가루
송편이 된다

가을이 익어가는
쫄깃쫄깃한 송편 맛
아름드리 보듬어 식탁 위에 올려놓고
발갛게 익어 가는 감이 자리를 메꾼다

밤송이가 다문 입 벌리면
풀숲에서 알밤 줍던
유년의 추억도 데려다 놓고
떠도는 유랑 별
툇마루에 내려앉아
송편 빚는 웃음소리 엿듣고 있다

석류

높아진 파란 하늘
눈부신 구월의 햇살이
토담 벽에 내려앉던 날

뙤약볕 긴 열정으로
떠억 벌어진
생살을 찢는 산고의 아픔

선홍색 입술 드러내고
울퉁불퉁 덧니도 부끄럽지 않는
알알이 박힌 연분홍 보석

복주머니에 주렁주렁
매달린 사랑
끈을 풀어 헤쳐 놓은 흐뭇한 순간

9월이 오는 소리

그토록 불태운 열정
찬 이슬에 무너지고
새벽의 뿌연 안개가
계절의 환승역에서
길을 잃고 헤맨다

구월이 오는 소리에
코스모스가
산들바람에 하늘거린다

수숫대 위에 앉은
고추잠자리 비단 날갯짓

뜨락에 풀벌레들이 살 비비는 소리
쪽빛 하늘로 물들어 가는 소리
소리 들이 입 모아
가을을 부른다

하현달

만월의 옛 영화가 풍성 하던 날
만삭의 배는 어디로 가고
별들은 제 몸 그대로 빛나며
제 살 깎아 내는
노을 길로 향하는 쪽배의 운명

은빛 구름 속 미로를 헤매다가
사그라드는 이별 앞에
시린 손 흔든다

어둑한 요양원에 구순의 노파는
한평생 누린 부귀에
이승에 그 무엇을 속죄하고 싶을까?

이슬 젖은 흐릿한 눈으로
창밖의 희미한 하현달만
처량하게 바라본다

서툰 그리움

꽃비에 마음 홀려
추억에 걸어둔 기억

바람결에 스친 눈길이
연분홍 물감으로 번지던 날
서툴기만 한 연정은
설렘으로 가득하다

마음 한 자락에 가득 찬 그리움은
메마른 바람으로 다가와
창문 밖으로 스쳐 지나간다

절절한 운명이 설익어
마음속에 머물고
내 생애 딱 한 번 만나면
가슴속에서 흘러 보낼
서툰 연정은
한 편의 시로 잠들고 있다

인생길 함께 한 선인장

내 이름 새댁으로
불리던 봄날이었다

막 어미젖 뗀
버려진 너를
꽃 그릇에 다독이며 심은 정성에
가시 옷 입고 있어도
인연의 끈 놓지 못하고
함께 걸어온 다된 반백 년

돌아보니 아득한 길
서슬 퍼런 시련에 골 패인 흔적들

나는 푸른 잎 떨군 채
노을 자락에 서 있건만
너는 올해도
돋친 가시 지긋이 눌러놓고
햇살과 나눈 사랑의 꽃망울이
젖멍울을 더듬고 있구나

장작

사시사철 푸르름을 뽐내며
우뚝 선 기상
속살까지 패인 모습으로
뒤편 헛간에 처절하게
누워있을 줄이야
예상이나 했을까?

숨통이 멎은 희나리
된서리 내리고 눈보라 치던 때
여지없는 선택으로 아궁이에 몸을 던져
숨 막히는 터널 속에서
뼛속까지 다 태운 날

영혼은 에움 길 따라
온기 뿜어내며
한 줌 재로 남는다

도란도란 구들 막 웃음꽃에
겨울밤이 날개를 단다

단오

질퍽한 연못가에
창포 향기 올올이 피어오르는
오월 초닷샛날

우려낸 창포물에 길게 땋은 머리
곱게 물들이던 고모
얼레빗 빗질로
마음속까지 애절한 정분을 여민다

처진 옷고름에 하늘 나르는 그네 위에
보라 향기 가득 담아
흩날리는 빨간 댕기가
한 폭의 그림이었다

세월 속에 묻혀간
아리다웠던 고모의 모습
희미한 기억 너머 지금도
고향 집 그리워하고 계실는지…,

옛 집터 가보면

마을 어귀 들어서면
나의 시선이 빈 집터에 머문다
아침 햇살은 허름한 초가에
눈부시게 내려앉고
굴뚝에는 밥 연기 피어오른다

열두어 살로 멈춘 나의 기억
뚜껑 없이 세월만 가득 담은
장독대 하나
먼 길 온 흔적이다

뒤란에 누워있는 낙엽들은
부엽토로 잠 들었고
야윈 햇살은 노을 속에 저물고 있다

소나기와 바람을 맞은
등 굽은 감나무
옛 주인에게 할 말이 많은 듯
물끄러미 나만 바라보고 있다

정법을 찾아서

아홉 마리 용이 승천했다는
전설 업은 구룡사

솔가지에 몸을 누인 새하얀 눈과
조화를 이루고 있는 푸른 소나무
망경산 중턱 백옥 부처님은
이 설한雪寒에도
깊은 삼매 중이신가

정법을 찾아 헤맨 발자국
이제야 그 법을 만났나 보다

간절한 내 마음이
무릎 끓고 목매일때 염화미소拈華微笑로
모난 세상 탓 말고
둥글둥글 살라 하신다

사바로 울려 퍼지는
낭랑한 법화 독경 소리
세상 오욕 벗지 못한 마음이라도
무수히 돋아난 탑 위에
작은 연등 꽃 한 송이 피우고 있는 날이었다

집배원

축 늘어진 가방끈을 멘 남자
그의 옷차림은 늘 한결같은 작업복
잘 어울리는 옷이다

수만 개의 문패들로 머릿속에
그림을 그리며
또 어떤 날은 혼돈의 기억 속에
이집 저집 대문 앞을 서성인다

오늘은 무슨 소식일까?
가을을 싣고 온 무게들이
어깨를 짓누른다

아득한 옛 시절의 꽃잎봉투
한번 받아볼 수 있으면 좋으련만
두고 간 건
고지서와 카드 대금이 줄을 섰다

하나의 직업과 함께 끝나는 일은
얼마나 아름답지 않은가!
어떤 소식이던

나에게는 기다림의 남자
점심때를 놓쳤는지
뒤돌아 가는 발길이 무겁기만 하다

잠 못 드는 밤

구름 속으로 비켜 간 달빛
짙게 깔린 어둠 속에서
생각이 목적지 찾지 못해
이곳저곳을 기웃 거린다

아무도 없는 텅 빈 공간
먼 기억 속에서
들려오는 첫닭 울음소리
위아래 눈꺼풀이 상봉 못해
하얗게 지새운 밤

열린 여명이 풀잎에 맺힌 은구슬을
아침 햇살로 툭툭 털어 깨운다

제3부 누구의 유혹에도

꽃잎 한 점 흩날림 없이
달콤하게 놓은 젓줄 뒤로하고
동박새 울음 사라지기 전
땅 위에 처연하게 눕는다

누구의 유혹에도

시냇가 후미진 곳
새빨간 눈웃음을 감당치 못해
발길을 멈춰 버렸다

가슴에 새겨 놓은 정열의 불꽃
함초롬한 빨간 얼굴은 터져버리고
영락없이 첫날 밤 새색시가 된다

타고 있는 서러움을 갈아 앉히고
밤하늘 기우는 달을 본다

붉은 옷을 달빛으로 하얗게 갈아입고
불 꽃 같은 마음을 다시 살려
영롱한 이슬로 깨끗이 씻는다

애기동백

찬바람 비켜 간 산골짝 굼턱에
하얀 속싸개에 폭 싸인
애기동백 웃음이 바람결에 웃는다

서슬 퍼렇게 날을 세운 칼바람
날렵한 몸짓으로 휩쓸려 해도
애기 미소에 무디어진다

혹한의 정점에도 요염한 입술은
중천의 햇살마저 끌어안는다

겹겹이 쌓인 붉은 연정
누구의 유혹에도
꽃잎 한 점 흩날림 없이
달콤하게 젖줄 놓은
동박새 울음소리 뒤로하고
땅 위에 처연하게 눕는다

선심善心으로 다가온
붉은 연정이
겨울을 조용히 녹이고 있다

입춘立春

햇살이 봄을 닮아 가던 날
꽃샘추위에
웬 바람이 그리도 불었을까?

청마루에 걸터앉은 아이는
초가지붕에서 녹아내리는
물방울 소리를 듣고 있었다

똑, 똑, 똑!

양지쪽 언덕에
어린 쑥 머리는 봄을 찾아 나오고
아이의 시선은
벌써부터 쑥 소쿠리에 머문다

아버지의 붓글씨 대문자로
입춘대길立春大吉 이
방문앞에 붙던 날이었다

스미어 드는 봄

실눈 뜨는 가지 사이로 비치는 햇살에
숨어든 남풍
움 틔울 날갯짓을 한다

칼바람에 움츠렸던 몸을
봄이 흔들어 깨울 때
눈 비비는 태동 소리

바람 따라 흔들린 내 마음
서둘러 온 홍매화 가지에
앉아본다

겨우내 둥지 곁에서 머물던 딱새
시린 한쪽 발
바람과의 재회가
아직은 서툴다

꽃샘 심술 다독이는 햇살
새로운 계절에
봄을 불러 앉힌다

아지랑이

앞 다퉈 피는 꽃들이
향기 가득한 날
봄꿈에 젖은 황홀히 흐르는 아지랑이

안개도 아닌것이
언덕배기 올라와
아른거리는데 대지는 어지럽다

앞가슴 헤친 꽃무리
옷고름 접어 다독이고
밤꽃의 짙은 향기가 코끝을 찌르면
내년을 기약하며 떠나는
봄의 화신이 부럽기만 하다

어머님 묘소를 다녀와서

수십 해를 피고 진
밭둑의 아카시아 꽃이
다시 돌아온 계절을 맞는다

꽃향기 가득한 유월의 길
꽃상여 타고 가시든 날
풀국이도 깃을 내려 슬피 울었지

누비시던 밭고랑 양지 녘에
풀잎 옷 입으신 어머니
눈보라는 안고 나들이하시려
봄옷으로 갈아 입어셨구나

꿈결같이 들려오는
나직했던 그 목소리
사무치는 그리움은 회한의 눈물로
베갯잇을 적십니다

떠나실 때 배웅 길
뻐꾸기는
오늘도 구슬프게 울고 있습니다

4월에

속살 드러낸 자목련이
지난밤 비에 뚝뚝 떨어져
시냇가에 엎드린 빛바랜 나뭇잎에 업혀
조각배로 떠가고 있다

불어오는 실바람에
산길 모퉁이로 실려 온 봄 향기
보리밭에 일렁이는 봄을
아무리 마셔도 과식이 아니 되어
마음속을 가득히 채우고 있다

살랑대는 바람에 꽃잎 흩날린 자리에
새 생명의 환희로 채워가는
4월의 향연이 시작된다

오월

시원히 지나간 한줄기 소낙비
실개천에 뿌리내린 무지개 사이
오월의 푸르름이 더욱 눈부시다

풀숲
피는 꽃과 지는 꽃이
아름다운 이별 속에
보랏빛 등꽃이
하나둘 톡톡 등촉을 밝힌다

어디서 들려오는
산 꿩의 울음소리
바람이 나뭇가지 재울 때면
새들도 합창을 한다

햇살이 지그시 눈 감고
초록 가지에 걸터앉아
나른한 춘곤증에
오월의 오후가 졸고 있다

민들레 홀씨

이리저리 흩날리다
어렵사리 잡은 터는
시궁창 옆
갓길이다

오가는 발길에 짓밟힌 시련
까치발 세워
한 줌 햇살 끌어 안는다

긴 봄 햇빛에
노란 미소로 답하는
소담스런 모습

하얀 백골 머리를 이고
바람 따라 나선 길

종착지는 어디인지
다시 태어날 작은 풀꽃 민들레

꽃잎 떨어지다

바람의 위력을 가슴에 끌어안고
심장의 박동 소리 견디지 못한 채
아름다운 기억을 가슴에 봉인한
멍든 꽃잎
허공만 바라본다

의지와 상관없는 흔들림에
할퀴고 씻긴 얼룩진 흔적
바람만을 탓할 수가 없다

만남과 헤어짐은 세상의 이치인데
연둣빛 잎새가 등 떠미는
운명의 끝자락에서
꽉 잡은 손 놓고 마는
꽃잎이
하르르 떨어져 내린다

이팝 꽃

라일락 향기에 취해있던 사이
옆을 돌아보면
여린 가지 끝에
갓 지은 고두밥이 고봉으로 쌓여
햇살에 하얗게 안긴다

한 줌 훑어
입속 가득 채우고
이슬 젖은 눈가에
촘촘히 매단 송이
민초들의 눈길이 머물고 있다

바라보는 것만으로 배고픔을 잊었을까?

꽃마다의 사연
이승을 떠난
어린 넋의 슬픈 전설이
가슴을 아프게 한다

밤안개

희뿌연 실오라기들이
헝클어진 실타래로 뒤엉켜
어둠 속 을 헤매고 있다

이곳저곳을 떠돌다
구름과 몸을 섞어
하늘에 나르고
알몸으로 가물거리는 흔적들을 찾아 헤맨다

머 언 하늘 끝자락
갈 곳을 찾은 듯
여명의 길을 따라
엉킨 타래를
한 올 한 올 풀어내고 있다

이끼의 삶

넉넉잖은 가랑비에 젖은 가슴은
초롱초롱 별꽃 되어 피어난 환희
바위틈에 얽히고설킨
억척스런 삶
푸른 꿈의 열정이
초원을 이루었다

융단 위에 내려앉은 빗방울은
반짝이는 춤사위
모퉁이 꽃들도
진분홍 얼굴로 손을 내민다

따뜻한 체온에
가을 이슬이 내려앉던 날
가슴이 숭숭 뚫린 목마른 한기에 거친 숨결
숱한 인연들은 누런 색채로 변신한 채
내년을 기약하며
수면에 들고 있다

바람

시도 때도 없이 불어오는 바람은
어디서 오는 걸까
밤새
이성을 잃고 천지를 뒤흔들었다

풀 섶에 앉아서 갈 길을 묻고 싶다

살아오면서
한두 번 운명의 바람에
서 보지 않는 사람 어디 있을까?
맑은 하늘에
날벼락 같은 가혹함 말이다

역경 속에서도 힘겹게 쌓은 인생 탑
무너지지 않으려
휘둘림에 맞서보지만
지나간 그 자리
예상치 않는 흔적 남기는
바람 잘 날 없는 세상이다

가자미의 추억

봄 햇살이 화사하게 내려앉은 사월
꽃향기가 코밑을 간지럽힐 때
어시장에선 통통한 가자미들이
사람들의 눈길을 끌면
유년의 추억이 나를 울컥이게 한다

내일은 어머니의 몸을 열고
세상 구경하던 날
별들이 총총히 초가 위에 앉으면
오일장에 가신 어머니
보따리에는 배가 허연 가자미와
꽃고무신을 사오셨다

나의 생일 밥상에 단골 가자미
내일을 생각하면 잠이 출렁이던 밤
어머니의 손맛
그때의 그 맛

개나리

짧게 내린 비에 겨울을 배웅하고
봄 소리에 귀 열어
터져버린 웃음
무더기로 웃고 있다

켜켜이 쌓인
내 마음의 먼지도 털어 보내자

변덕스런 날에도 가끔 휘청 이며
비워 놓은 가슴 속에
잎 두고 먼저 온 꽃망울이
내 안에 들어와
샛노란 물감으로 물들이고 있다

찔레꽃

뻐꾸기 울음소리 산울림 되어
되돌아오는 오월이 오면
찔레 순 연둣빛 단물이
입 안 가득 고인다

보릿고개 시절
소쩍새도 배고파
가시덤불에 앉아 울고
목마른 허기진 배는
물오른 새순 꺾어
한입 베어 문 고사리 손들

지금은 어디에서 무얼 하는지
향기 실은 바람조차 말없이
하이얀 꽃무리에
봄을 얹고 길을 나선다

장미

한밤중 토해낸 뜨거운 유혹에
한철 불꽃으로 타오른 정열
고운 님 다녀간 밤이었다

아침이슬 머금은 풋사랑 수줍음은
겹겹이 쌓인 꽃잎이 영롱도 하다

보랏빛 멍 들기 전에 다독여 보는 손길
돋힌 가시는 내 여린 살갗을 핏빛으로 물들이고
애증의 요염한 눈빛으로
심연에서 불 타 오른다

멀리 퍼진 향기 따라
오늘 밤 고운님 다시 오려나?

할머니와 유모차

삶의 무게를 온몸으로 짊어진 할머니

꽃망울 터지는 소리에 노쇠한 몸이
유모차에 기대어 걸어 나온다

빗장을 연 마을 회관은
겨우내 골 깊은 사연에 수런거리고
뜨거운 구들장은
할머니의 엉덩이를 붙들고 있다

저무는 노을빛 자락에서
육신의 덫
벗어 버리고 싶은 발자국
오늘도 뒤뚱이며
유모차는 가고 있다

하얀 손수건

봄기운을 타고 온 바람이
목련의 꽃망울을 휘감는다

아지랑이 피어오르는
하늘가의 꽃구름은
아직도 겨울의 발자취에 서성이고
기약 없이 떠나간 옛 친구를 떠 올리며
마음 미어지는 날
가슴 위에 올려놓은 하얀 손수건

잊히지 않는 몸부림 속에
그리움으로 밀려오는 봄밤의 안개비
하얀 손수건으로
내 마음을 다독이고 있다

코스모스

애잔하게 흔들리는 소슬바람 휘감으며
토해낸 고운 빛깔

청순한 모습
뉘에게 주려고
저리도 초연히 기다리고 있을까?

놓치고 싶지 않는 흔적들을 불러 모아
한 잎 따서 책갈피로 잠재우면
바람결에 날갯짓하는 남은 꽃잎들
아직은 때가 아니라고
매달리는 햇살에 고운 자태
다시 세운다

오가는 속삭임에 수다를 떨 때
가을빛은 야위어 가고
가녀린 허리를 흔들던 바람이 서걱대면
종종걸음으로 고운 추억은
기억 속에 남는다

추억 속 마중 길

내 어린 시절
자동차 달리는 넓은 길에
흙먼지 흩날렸던 신작로
첫 새벽 열어 오일장 갔다
늦은 밤 돌아오신 어머니

땅거미 내리면 마중 가던
나의 유년
유난히 어두운 밤
짚단에 불붙여 돌고 도는 산모롱이
허기진 바람이 짚단 불
꿀꺽 삼키던 날
내 손을 꼭 잡은 어머니
마음의 등불이
밤길을 비추었지

까맣게 흐른 세월
추억 속 마중 길 나선다

손주

잔디 위에서 강아지와 놀고 있다

저런 것 하나만 더 있으면
할미의 아쉬움을 아는듯
제 어미 흉도 내 귀에 속삭인다

봄 햇살처럼 해맑은 얼굴
내 마음 잔잔한 호수가 되어
눈을 감아도 아른거리고
한여름 가슴을 탁 트이게 하는
청량수 손주

바쁜 걸음으로 온 발자국
내 신발 위에 포개저 있구나

손주를 안은 듯
할미의 신발은 빙그레 웃고 있다

청보리

차디찬 땅 밑
눈 이불 덮고 맺은 사랑
다독다독 밟아주는 발길을
입덧으로 받아 안고
태교에 거는 기대 포부도 컷 건만
연초록 물오르는 소리에
만삭의 배 내밀어
누가 볼까 수줍어 이슬 치마 둘렀다

쭈뼛쭈뼛 콧수염 내민
뼈를 깍는 산고의 밤

오월 햇살에 알알이 영글어
축담에 몇 가마니 줄을 서면
우리 어머니
그해의 여름 양식
걱정 없는 청 보리밥

상사화

걷히지 않는 운명 속에서
살아야 할 운명

가슴속에 묻어야 할 안타까운 그리움
수 만 번 목 매인 외침에도
대답은 메아리로 돌아올 뿐
끝내 이룰 수 없는 애틋한 사랑

잎새 없이 꽃대 위에 앉은 애절함
이슬 맺힌 눈동자로
분홍빛이 물든다

지난밤 휩쓴 비바람에
꿋꿋이 버틴 간절한 기다림
말 많은 바람만 스치고 지나간다

제4부 가을의 여백

산그늘 내리기 전에
한 자락 남은 여백에다
단풍처럼 물든 내 마음을
곱게 붓질해 본다

가을의 여백

오후 햇살이
만추의 산 위에 내려앉는다

지난여름 상처의 아픔을
문신으로 새겨놓은
떡갈나무 잎새가 얼굴 붉히면
다홍치마의 단
늘어뜨린 산자락
산 그림자 투영된 강물에도
오색 산이 일렁인다

단풍과 노을의 만남에
오롯이 다 태운 목마름
내 어깨 위에도
내려앉은 석양의 시선은
물결 위를 걷는다

머릿속으로 품어 안은 가을 정취
산그늘 내리기 전에
단풍으로 물든 내 마음을
곱게 붓질해 본다

가을 문턱

창문 틈새로 소슬바람이
성글은 홑이불 사이로
무릎이 시리어 올 때
여름 뒷 발꿈치까지 쫓아가
울던 매미 소리 떠나고
귀뚜라미 처량하게 가을을 부른다

헝클어진 지난날이 겹겹이 쌓여
기억의 무게에 짓눌린 이른 가을밤

밤새
잔잔한 빗소리
내 마음 보헤미안이 되어
홀연히 떠나고 싶은
가을 초입의 밤이다

한 계절의 배웅

잎새들이
화려하게 변신하던
요란한 소리들도 멈추었다

가야 할 길을 분명히 알고
낙화하는 꽃잎
단풍에서 가랑잎으로 가는 길
목소리만 남기고 떠나가는 가을

지는 해도 산길 따라 홀로 걸을 때
내 마음도 찬바람 따라 길을 나선다

눈 덮인 시린 발자국 따라
누군가의 뒤태만 배웅하던
그런 날처럼 미련 없이 보내고
남은 흔적 펼쳐놓은 길목에
또 다른 만남의 시작
흩어진 낙엽
분주히 계절을 물고간다

빗소리에 젖어

운무雲霧 자욱한 숲길
빗소리 들으며 아침을 걷는다

나뭇잎에 내려앉는
빗방울 소리
숲속 새들이 화음인 듯
귀 기울이고 들어 본다

내 등을 토닥이며 내려앉는 빗방울은
높낮이의 음표로
사랑의 시가 되어
깊은 심연까지 젖어 드는 빗소리

어느새
후드득 발등을 두드리는
굵은 빗줄기가
가슴으로 파고 들면
전설이 된 그리움까지도
두드리며 내린다

동지

첫눈 쌓이는 장독대
솥뚜껑 열어젖힌 가마솥에는
살 부비며 익어가는 새알
아궁이 연기에 어머니 눈이 맵다

살얼음 언 동치미
달콤하게 어우러진 팥죽 맛
지금도 그 맛 일까
아련한 옛 추억 속 그리움으로 와 있다

긴 동지 밤
사랑방에서는 새끼줄 꼬는 소리
밤이 이슥도록 들려오고
팥물 세례에 화들짝 놀란 잡귀
줄행랑치던 날
마당에는 함박눈이
한 그릇 쌀밥으로 수북이 쌓였다

마지막 잎새

잎새 하나가
앙상한 나뭇가지
끝자락을 붙들고
퇴색한 잎들은 가랑잎 되어
땅 위로 나 뒹군다

모체와 인연을 놓지 못한
한 잎은
간밤에 찾아 온 무서리에
가쁜 숨 몰아쉬며
또 한 번의 찬 된서리가
하얗게 뒤덮든 밤
모체는 미동으로
새 생명 회임을 맞이하려나 보다

마지막 한 잎
너의 평화로운 탄생을 응원한다

무지개처럼

시도 때도 없이 불어오는 바람
간간이 흩뿌리는 비
어느새 굵은 빗방울로
땅 위에 쏟아지는 빗물

소나기 그친 하늘
영롱한 빛
구름 뚫어
현란한 유혹의 오색 무지개
실개천에 뿌리내렸다

태풍을 등에 업고
힘겹게 쌓은 인생 탑도
고운 빛깔 입에 물고 있는
눈 시린 무지개처럼
찬란하게 빛났으면 좋으련만…

입동立冬

할 일을 다 마치고
목소리만 남겨두고 떠나는 가을
쓸쓸하고 애잔하다

주인을 찾지 못한
감나무 홍시는 무서리에 울고
바람 등에 업혀 방랑길 떠나는
백골의 억새
때 이른 갈 까마귀 떼
무리 지어 나른다

보리 파종 끝낸 농부
어깨에 달빛 내리고
간밤 서리에 짓무른 풀꽃
시린 바람에 숨죽여 흐르는
개울물 소리가 겨울로 접어들고 있다

눈

청솔나무 우듬지에
사뿐히 내려앉아
방울방울 눈물 흘린다

곳곳에 헐벗은 나목 위에
포근히 덮어준 하얀 이불
바람의 장난기에 흔적 없이 사라진다

아무도 찾지 않는 음지에
기억도 흐릿해진 긴긴날
말 못 하는 시린 속내는
봄을 여는 기침 소리에
굳은 마음 사르르 녹아내는
내 마음의 눈

나목

겨울비 처연히
나목 위에 내린다

맨몸 고스란히 젖어
골 깊은 주름 사이
속살 훤히 보이고
아픈 상처 다독이는 기다림의 시간

칼날 같은 상고대는 서슬 퍼런 데
얼마나 기다려야
잉태한 봉오리 젖을 물릴까

내 마음에
잔잔한 숨소리 들려오는 듯하다

품어 안은 모든 것을
다 내보낸 나목은
무성한 훗날을 꿈꾸며
멀리 있는 봄을 손짓 한다

대나무

꽉 찬 속은 미련 없이
세월의 마디마디에 풀어놓고
청청한 꿈을 안고
곧게 뻗어나가야 하는 운명

거짓이 난무하는 세상에서
비우고 비운다 하지만
속 좁은 인간이 어찌 할 말이 없겠는가?

텅 빈 속에 푸른 소망 담아
하늘 바라보며
겉으로 내색 없는 시린 마음에
깊고 깊은 사연
곧은 여인의 절개다

가을 가고 겨울 와도
청정 더욱 푸르리라

추억

야경 불빛이 별빛과 눈 맞추는
광안리 바닷가
파도 소리 숨죽인 고요는
추억을 소환한다

옛 사연들은
물결 위에 넘실거리고
하얗게 밀려오는 작은 그리움들도
하나 둘 꺼져버린 불빛처럼 희미해 간다

먼 길 걸어온 굴곡진 삶 위에
떠나보낸 아련한 추억
옥 같은 푸른 별은 여전한데
헤아릴 수 없는 아린 내 마음

하얗게 내려앉은 달빛 아래
떨어지지 않는 마음 뒤로하고
발걸음 재촉해 본다

노안

꿰어보는 바늘귀 더듬어도
제자리를 찾지 못하는 뚫린 귀
빗나간 화살이 되고 만다

헛손질하는 허공
노안의 늪은 깊어 가고
손길마저 무디어 간다

동공 하나를 더 입혀
과녁을 향해 쏘아 보는 화살
아른아른 안개 속 헤매며 뚫지 못한다

세월의 흔적은
흐린 시야에 바늘귀 너머
내 몸뚱이 전부를 샤워 시킨다

지나간 젊음이 그립기만 하다

고드름

초가집 용마름을 감고 도는 삭풍은
서리조차 쓸어내려
추녀 끝에 매달린 은빛 수정
허술한 토방에 새어드는 바람에
안방 문풍지도 울고 있다

밤새워 줄을 서는
뾰족한 고드름에 섣달 햇살은
어렵사리 도망질치고 있다

양지쪽 집동놀이 하던 아이
허기진 배는
고드름이 눈에 들어온다

무명 적삼에 한 많은 보릿고개
어머니의 한 서린 애환이
토방 가득 첩첩이 쌓여있다

봄을 기다리며

조락한 가랑잎 보면
헐벗음이 서러워
추위 속 떨림에 잉태한 모체
입덧을 막 끝낸 볼록 부푼 배
가지마다 꽃망울 맺혀있다

절기의 기운을 타고 온
입춘의 입김은
꽁꽁 언 대지에 쌓아둔
인연을 허물려 한다

인고의 아픔을 견뎌
순산의 기쁨을 축복받으려는
모체의 묵묵한 기다림은
불어온 훈풍의 입맞춤에
등이 휘게 활짝 열리면
올해도 세상은 꽃 잔치로 흥겨웁다

고향

산모롱이 돌고 돌아
오솔길 따라 가다
시오리 골짝마다
실개천 휘돌아 나오면
희미한 등잔 불빛
구멍 난 창호지에 새어 나온다

삭풍에 서걱대는
뒤 안의 시래기 다발
헤집고 들어오는 아스라한 그리움
인생 한고비 훌쩍 넘은 세월
두고 온 내 목소리 들리어 오는 듯
고향 길 찾아 나선다

옛 풍경도
옛 사람도 간데없는
가슴 깊이 묻어둔 짙은 그 향수
밤하늘 별들에게 안부를 물어본다

외톨밤

어느 넉넉한 가을날
산들바람이 지나가는 고샅길에
소식 없이 온 태풍이 지나간다

해산이 임박했는지
고슴도치의
하얀 자궁 문이 열리나 보다

산통의 비명 소리에
옆 감나무들
긴장하며 붉힌 얼굴을 수그리면
풀숲에 뚝 떨어진
외톨밤 한 알

옆집 고슴도치는
세쌍둥이를 낳고도 침묵인데
한 톨에 웬
귀가 따갑다는 비웃음에
검붉은 햇빛만 빙그레 웃고 있다

마음 길

작은 빗소리에도
긴 여운이 남는 것은
흐르는 세월 때문이 아닐까?

반석 위에 가지런히 놓인 추억
풀벌레 화음 소리 귀밑을 간지럽힐 때
동행한 인연들 마음으로 모여든다

허공으로 날갯짓하는 새 한 마리
내 마음도 따라 나르면
세월은 날 보고 그대로 살라 한다

마음속에 쌓아둔 지나간 길목들
추억의 흔적 찾아
삶의 뒤안길에서 되새김 질 해 본다

유년의 겨울밤

청솔가지로 군불 집히고
촉광 올린 등잔불 아래
십자수 놓던
댕기 머리 언니의 모습은
한 폭의 그림이었다

섬섬옥수로 한 땀 한 땀 오색수가
테이블보로 완성되던 날
하얀 옥양목 위
한 마리의 공작새가
깃을 펼치는 황홀한 순간

어머니 씨줄 날줄로 베 짜는 소리에
윗목에선 콩나물은 쑥쑥 커가고
메주 뜨는 냄새에 묻힌
유년의 동화 같은 겨울밤이
깊어 가고 있었다

가을의 기도

소슬바람 소리에 잠을 깬 풀잎은
바스락거리며
가을이 오고 있다

풀잎 사이로
바람이 나직이 지나가면
잎들은 물들 채비하고
구만리 하늘 아래 인생도
고운 단풍으로 익어간다

열매가 영글어 가던 어느 날
번뇌로 가득했던 마음에
찾아든 불심
오만과 교만을 불사르는
참회가
둥글게 엮인 염주 알처럼
하심으로 영글게 하여 주소서

이 가을에

푸른 추억을 되새김질하는
빨간 단풍잎 하나
들려오는 귀뚜라미 소리를
시로 엮는다

바람이 데려다준 동심의 들녘에서
수틀에 유년을 새기면
허수아비 참새 쫓던 날
메뚜기 벼 이삭에 꿰어 달고
저녁 노을빛은
나르는 새무리가 쓸어 담는다

땅거미 내린 찬 이슬이
풀잎에 앉을 때면
성글게 보이는
등 굽은 어머니의 얇은 적삼

어느덧
나도 가을 여인이 되어 서 있다

데미안을 읽고

밤새 시린 발끝으로
피어오른 박꽃 길을
여명이 열릴 때까지 헤매고 다녔다

때 이른 소년 시절
선과 악의 공존의 세계에서
거짓을 엮어내 노예가 되어
슬픈 미로를 만들었다

별 무리 내려앉은 푸른 밤
휘파람 소리에
심장 박동도 멈출 것 같은 두려움에
신성한 존재로 다가온
데미안의 만남은
바람 속을 헤집고 다닌
헛된 꿈의 악몽 속에서 깨어났다

황혼에 다시 읽은
데미안
봄밤에 젖은 수선화 설렘으로
고운 꿈이 된다

만추의 밤

낙엽을 배웅하는 만삭의 보름달

날씬한 몸매로 남자 홀로 사는 방을
기웃대더니만
금 새 산달産月이 되었군요

무거운 몸 쉬어 가려는 듯
핏기 없는 얼굴로
나목의 가칠한 등에 기댄다

서리 앉은 노란 융단 위로
즈려밟는 달빛 발자국에
초롱별 빛 스며들면
서둘러 돌아온 찬바람은
푸른 옷만 입고 있는 전나무에게
계절 소식 물고 와 전하여 준다

우리 집 거실 함지박에
모과 향 짙은
만추의 밤이 깊어가고 있다

홍계 사과

지리산 능선을 타고 온 바람을
가슴으로 안는다

햇살과 눈 맞춰
뜨겁게 나눈 사랑
풋내 나는 초록 눈망울

질투의 새들 시선이
뾰족한 부리로 등을 쪼아보지만
일편단심 햇빛과 품어 안은 깊은사랑에
선홍빛 잇몸 들어내고
우리 집 거실에 몸을 풀었다

한여름의 천둥소리 우렛소리
품어 안은 인내는
오색 단풍의 융단을 밟고 왔을까
사각사각 단맛으로 혀를 자극한다

10월의 지리산 가을 정취가
거실 가득 영근다

목화솜 이불

꽃 진 자리 열매 열어
가을볕에 터진 웃음
하얀 솜꽃

정성 어린 손질로 네 귀퉁이 마다
어머니 숨소리 담아
한 땀 한 땀 시쳐주신
목화솜 이불 한 채

먼 나라 가신지 수십 해
엄마의 온기 속에 여정을 수놓았다

밭이랑에
흠뻑 젖은 어머니 땀 내음
구성지게 들려오던
산비둘기 울음과
밭둑의 만개 꽃향기가
세월의 무게에 굳어버린
이불 위에 오롯이 묻어나고 있다

유년의 꿈

1

실개천 휘돌아 나가고
앞 뒷산이 장대로 걸치면 닿을 듯한 마을
다정하게 엎드린 초가에 굴뚝 연기가
아침을 연다

앞산 헐벗은 나뭇가지 위에
피어난 서리꽃은
아침햇살에 빛나고
먼 길 가야 하는 나목들은
눈보라의 지휘 속에 연주를 하며
푸른 꿈의 노래를 부르고 있다

밤새 만들어 낸 은빛 비늘이
솔방울에도 명주실로 타래를
감은 듯하다

2

질곡의 삶을 안고
외동 아버지의 뒤를 이을
남자아이를 기다리는
어머니의 간절한 기도에 삼신三神은
잉태의 숨소리를 점지해 주셨다

귀한 인연으로 뿌리내린 새싹은
어느덧
꽃들이 앞 다투어 피는 봄날
삼신할미는
세상 밖으로 나가게 한다
산고를 참아낸 탄생이었지만
부모님의 간절함을 외면한
공허한 봄날

한을 풀지 못한 채
아이를 품에 안고 젖을 물리는
어머니의 노산에 아이는
막내가 되었다

3

태어날 때는 섭섭했지만
부모님의 사랑 아래
무럭무럭 자라는 작은 생명
솔바람 새소리가 벗이 되었고
청량한 시냇물 소리도 들려왔다

나는
봄밤의 설렘을 꿈꾸며
상상의 나래를 펴고 있었다

비비꽃 언덕을 그리며
무더기로 돋아난 크로버 밭
네 잎 행운을 찾아내는
연분홍 물감으로 덧칠하는 꽃잎은
서서히 언덕을 덮어가고 있었다

4

벚꽃이 진자리
버찌가 뒤란에 떨어지면
보라색으로 물든 내 입술
한바탕 여름 소나기에
천둥 번개 소리에 놀라서
어머니 치마폭에 안겼던 기억
힘센 독수리도 바위굴에서
소낙비 피하며 무서워 울었지

찾아 온 소슬바람
가을을 부를 때
노란 은행잎 고사리 손으로
책갈피에 잠재우고
산등성이의 억새 울음소리

청솔가지 군불 집히고
하얀 설경에 파묻혀
문풍지 울던 등잔불 밑에서
유년의 꿈은 또 다른 나를 데리고
창공을 나르고 있었다

<발문>

▮내가 본 하정선 시인▮

깨달음에 이르는 징검다리가 될 시詩의 세계

- 하정선 시집 『징검다리』를 읽고 -

최 원 철(부산대 명예교수, 시인, 수필가)

자연의 풍경이 수려하고 조용한 경남 산청이 시인의 고향이다. 그는 고요 속에서 불심을 득도하였고 끊임없는 선禪을 수행하며 깨달음에 이르고 있다. 하정선 시인의 첫 시집 **『징검다리』**에 숨어있는 정신은 부처님의 전생이야기를 담은 본생경에 있는 그 수행과정을 **『징검다리』**에서 느낄 수 있다.

하정선 시인의 **『징검다리』**는 제1부 **『징검다리』**, 제2부 **『연못풍경』**, 제3부 **『누구의 유혹에도』**, 제4부 **『가을의 여백』**으로 구성 되어 있다

제1부 **『징검다리』**에서는 불교와 세상의 삶을 잇는 매개적인 징검다리가 아닐 수 없다.

아카시아 꽃향기가 코끝 간지럽히던 날
피라미가 지느러미 흔드는 개울가에서
소녀와 소년은
깨금발로 징검다리 건너던 시절

그리움과 기다림에 젖어있는 마음은
넝쿨 장미가 온 담장을
핏빛으로 물들일 때
선홍빛 첫 꽃봉오리 터지던
사춘기의 설렘
그 옛날 아득함이다

서산으로 기울어진
한 줌 햇살에
서리꽃 소복이 피어올라
어디선가 나처럼
빛바랜 세월 앞에 서 있을
돌다리 함께 건너던
그 소녀의 안부가 무척 궁금하다

노을빛이 참 곱기만하다

- 「징검다리」의 전문

시인은 제1연에서 어린 시절 아카시아 꽃이 피는 계절에 폴짝폴짝 **"깨금발"**을 뛰며 개울에서 징검다리를 건너던 일을 회상하고 있다.

제2연에서 어느덧 사춘기가 되어 사랑하는 사람을 기다리는 선홍빛 열정을 토하기도 한다.

제3, 4연에서 **"서산으로 기울어진/한 줌 햇살에/서리꽃 소복이 피어"**오르는 늙은이가 되어도 어릴 적 **"돌다리 함께 건너던/ 그 소년의 안부가 무척 궁금하다"**고 말한다. 그리고 마지막 연에 **"노을빛이 참 곱기만하다"**라고 읊고 있다. 노년의 시절도 참 곱게 늙어감을 고맙게 생각하고 있다.

인생의 생애를 징검다리처럼 한 발자국씩 건너 강 끝에 이룰수록 더 아름답고 행복한 삶을 노래한다. 시인은 살아가면서 혼탁에 물들지 않고 오히려 주위를 정화해 가고 있다. 그러므로 마지막에 **"노을빛이 참 곱기만 하다"**고 참회하고 있다.

하정선 시인은 어느 작은 절에 가서 깨달음을 알기 위해 무척이나 애를 쓰고 있는 것을 알 수 있다. 골 깊은 작은 절에서 **"어둠을 걸어오는 달빛도/깨달음이 힘들어/법당문에 매달려 울고 있다"**(산사山寺의 밤 中에서). 그래서 시인은 **"온몸 불태우는 참회 눈물에/촛불도 백팔번뇌로 몸부림치고/디딤돌 위 가지런히 놓인/하얀 고무신 두 짝은/애끊는 중생의 천일기도 중인가 보다"**(산사山寺의 밤의 마지막 연에서)라고 시詩로 표현하고 있다.

하정선 시인은 **"구절초"**로 피어나고 싶어 한다. 산사의 풍경소리가 가을을 붙들일 때, 시인은 저문 나이에 **"서리꽃 핀 여인"**이 된다.

속세의 인연으로 **"못다 한 설움은 옷고름을 풀어/온 산에 널어놓아도/가슴에 묻어둔 여운만은 털어내지 못"**해도 **"염불 목탁 소리/귀에 쟁쟁히 들리는데"** 하정선 시인은 계속해서 **"법화 독경에 귀 열어/서툰 합장하는 애절한 여인"** 되어 **"구절초로 피어"**나려는 것이다(구절초 中에서).

하정선 시인은 깨달음을 향해 선禪을 하는 도중 인생의 무상함을 느끼기도 하며 삶이 괴로울 때는 서럽게 울며, 빗소리 같은 삶으로 안타까운 마음으로 속세를 바라보며 자신을 둘러본다. 이것은 삶의 좌선坐禪을 노력하고 있는 것이다. 그의 시詩 한편을 예를 들어보면,

지난밤
요란스럽게 두드리던 빗소리
봄비답지 않게 창문에 머리를
부딪히며 내린다

밖을 내다보면
낯선 길 헤매고
갈 곳을 잃어 몸부림치며
흩날리던 비
속치마까지 다 젖은 들풀 위로

흙탕물 입혀
울부짖으며 내리고 있다

굽이굽이 인생길
빗나간 삶 원망하며
서럽게 울 때도 있었다

-「빗소리 같은 삶」의 전문

속세에 연을 두고 "지난밤" 같이 살아오는 동안 **"요란스럽게 두드리던 빗소리/봄비답지 않게 창문에 머리를/부딪히며 내린다"**고 제1연에서 말한다. 과연 **"요란스럽게 두드리던 빗소리"**는 무엇을 말하고 있는 것일까? 그의 심연에서 우러나오는 의미는 아마도 숱하게 '남을 욕되게 하는 말'일지도 모른다. 세인世人들이 하는 말들은 마음의 창문에 부딪히는 말들일 것이다.

제2연에서 **"밖을 내다보면/낯선 길 헤매고/갈 곳을 잃어 몸부림치며/흩날리던 비"는 무엇일까?** 부처님의 구제 대상이 되는, 깨달음을 얻지 못한 사람이나 생명을 지닌 모든 존재를 통틀어 말하는 '중생들'이 아닐까! **"속치마까지 다 젖은 들풀 위로/흙탕물 입혀/울부짖으며 내리고 있"**는 것이다

하정선 시인은 제3연에서 다시 **"굽이굽이"** 돌아나가는 **"인생길"**에 **"빗나간 삶"**을 **"원망하며/서럽게 울 때도 있었"**던 것이다. 여기에서 시인의 불심이 보인다.

나는 하정선 시인의 시편을 읽으면서 점점 심오한 삶의 근원에 빠져들기 시작한다. 더더욱 시인은 중생을 위하여 「**참회하는 마음**」으로 징검다리를 건너고 있다.

가랑잎은 정처 없이 굴러서 간다

우듬지 마지막 한 잎 마저도
바람결에 몸을 날리고
다 비운 겨울나무는
시린 마음 다독인다
밤새
흩뿌린 안개비에
온몸 젖어 부대끼는 낙엽들
그 모습 번뇌에 몸부림치는
나를 닮았다

집착을 버리고 아집도 부셔서
참회의 탑을 쌓을 때
멀리서 들려오는
산사의 종소리가 여운을 싣고
내 마음을
조용히 두 손 모으게 한다

「참회하는 마음」의 전문

위의 시편에서 **"가랑잎"**같은 인생의 삶이 **"굴러서 간다"**. 마지막 남아 있는 한 잎마저 떠나가 버려 **"다 비운 겨울나무"**의 **"시린 마음을 다독"**이고 있다.

"흩뿌린 안개비에/온몸 젖어 부대끼는 낙엽"의 **"번뇌에 몸부림치는"** 모습은 하 시인 자신을 닮았다고 고백을 한다.

하정선 시인은 마지막 연에서 **"집착을 버리고 아집도 부셔서/참회의 탑을 쌓을 때/ 멀리서 들려오는/산사의 종소리가 여운을 싣고/내 마음을/조용히 두 손 모으게 한다"**고 읊고 있다. 과연 불심 가득한 아름다운 마음의 참회다.

제2부 **『연못 풍경』**에서는 세상이 고해苦海이기에 여기에서 일어나는 모든 것들도 작은 연못에서 축소 되어 나타나는 것을 발견하게 된다. 그러므로 흙탕물 같은 더러운 못에서 고귀한 연꽃이 피어나는 것이 필요할 것이다.

밤새
함박꽃 벙글고
물오른 잎새 사이로
불어오는 바람까지 푸르게 보인다

햇살에 이끌리어
진흙 속 발 디딘
뽀얀 속살 드러낸 수련
수면 아래 떨군 한 잎에

새까맣게 달라붙은 논 고동
오늘 밥상이 포식 중이다

두툼한 등 내민 거북이
비단 햇살 휘감고 일광욕 즐길 때
가는 잎새에 매달린 쓰르라미
무슨 사연을 안고 왔기에
두 발 비비며 빌고 또 빈다

미풍에도 수줍어 흔들리는
나뭇잎이 짙어지고 있었다

- 「연못 풍경」의 전문

"함박꽃 벙글고", **"불어오는 바람까지"** 푸르른 연못, 뿐만 아니라 햇살을 받으며 **"진흙 속 발디딘"** **"수련"** 이 있는가 하면, 수면 아래서는 **"논 고동"**이 새까맣게 붙어 포식을 하고 있다. 바깥세상에서 일어나는 모든 삶의 형태를 이 연못 속에서 볼 수있음을 나타내고 있다. 예를 든다면, 그중에서 일광욕 즐기는 **"거북이"**며 풀섶에 **"쓰르라미"**는 무슨 사연인지 **"두 발 비비며 빌고 또 빌"**고 있다. 이런 모든 현상들이 작은 연못에서 이것을 본 시인은 다시 피어나는 연꽃을 보고 깨달음에 이른다.

따갑지 않는 유월 햇살 아래 진흙탕 연못
청순한 마음 꽃 피었으랴

여름 한낮 소나비에도
초록빛 하늘을 열고
꽃 지고 씨 내려
한 방울 물까지 떨쳐내는
삶의 틈바구니에서
오욕을 닦아 내면
향기가 그윽하다

나만의 마음속에
간직하고픈 향기
혼탁한 세상에 물들지 않겠다는
순백한 연잎
불심에 젖은 내 마음
너를 닮고 싶다

- 「연꽃」의 전문

진흙탕 연못 속에 어찌 아름다운 꽃을 피울 수 있을까? 꽃 피우기 전에 **"여름 한낮 소나비에도/초록빛 하늘을 열고/꽃 지고 씨 내려/한 방울 물까지 떨쳐내는/삶의 틈바구니에서/오욕을 닦아 내면/향기가 그윽하다"**고 표현하고 있다. 연꽃은 진흙에 뿌리 내리고 꽃을 피우는 것이다. 아무리 더러운 환경에서라도 더러움에 물들지 않고 한 송이 꽃을 피운다. 밖에서 일어나는 현상에 집착하지 않고 살아간다면 안의 성품이 어지럽거나, 깨끗한 본성을 벗어나지 않는다.

하정선 시인의 마음속에 간직하고 싶은 향기는 혼탁한 세상에 물들지 않는 좌선坐禪하는 불심의 향기를 가지는 연꽃을 닮고 싶은 것을 노래하고 있다.

연꽃은 꽃잎이 필 때 씨방도, 씨도 함께 여물어 가는 것이 시간을 초월해 가는 과거와 현재와 미래를 한 데 묶는 진리를 상징하기 때문입니다. 나중에 씨들은 오랜 시간이 흘러도 다시 꽃을 피울 수 있는 능력을 우리는 불성佛性이 있기 때문이라고 한다.

제3부 **『누구의 유혹에도』**에서 굴하지 않고 살아온 삶을 노래한다.

하정선 시인의 노래는 숨김도 없이 세속에서 살아온 그대로를 진실 되게 말하고 있다.

시냇가 후미진 곳
새빨간 눈웃음을 감당치 못해
발길을 멈춰 버렸다
가슴에 새겨 놓은 정열의 불꽃
함초롬한 빨간 얼굴은 터져버리고
영락없이 첫날 밤 새색시가 된다

타고 있는 서러움을 갈아 앉히고
밤하늘 기우는 달을 본다

붉은 옷을 달빛으로 하얗게 갈아입고
불 꽃 같은 마음을 다시 살려
영롱한 이슬로 깨끗이 씻는다
-「누구의 유혹에도」의 전문

위의 시편에서 시인은 제1연에서 **"시냇가 후미진 곳/새빨간 눈웃음을 감당치 못해/발길을 멈춰 버렸다"**고 한다. 인적 드문 후미진 곳에서 접근해 오는 사랑의 눈웃음을 감당치 못해 더 이상 사랑하지 못했을지 모른다. 그러나 자신이 가지고 있는 젊음의 정열을 그대로 토해 놓고 있다.

제2연에서 **"가슴에 새겨 놓은 정열의 불꽃/함초롬한 빨간 얼굴은 터져버리고/영락없이 첫날 밤 새색시가 된다"**고 한다. 젊음을 정열의 불꽃으로 생각하면서 부끄러움을 떨치지 못하는 **"새색시"**의 마음을 가지고 있다.

제3연에서 보면 **"서러움"**마저 **"갈아 앉히고"** 제4연에서는 붉게 가졌던 정열을 달빛과 같이 하얗게 갈아입고 **"영롱한 이슬"**로 자신의 마음을 **"깨끗이 씻는"** 득도를 한다.

이와 비슷하게 하정선 시인의 시편에서「**하얀 손수건**」,「**코스모스**」,「**상사화**」 등에서 엿볼 수 있다.

제4부 『**가을의 여백**』에는 하정선 시인이 살아온 마지막

징검다리에 다다를 때 뒤를 돌아보며 자신이 걸어온 발자취를 살펴보는 장章이다.

오후 햇살이
만추의 산 위에 내려앉는다

지난여름 상처의 아픔을
문신으로 새겨놓은
떡갈나무 잎새가 얼굴 붉히면
다홍치마의 단
늘어뜨린 산자락
산 그림자 투영된 강물에도
오색 산이 일렁인다

단풍과 노을의 황홀한 만남에
오롯이 다 태운 목마름
내 어깨 위에도
내려앉은 석양의 시선은
물결 위를 걷는다

머릿속으로 품어 안은 현란한 가을 정취
산그늘 내리기 전에
한 자락 남은 여백에다
단풍으로 물든 내 마음을
곱게 붓질해 본다

- 「가을의 여백」의 전문

시인은 자신의 삶이 어느덧 가을에 와 있음을 제1연에서 나타내고, 그 살아온 여러 가지 잊히지 않는 일들을 제2연에서 말하고 있다. 그 삶 속에는 아픔도 있었고 오색찬란한 일들도 있었다. 제3연에서 **"오롯이 다 태운 목마름/내 어깨 위에도/내려앉은 석양의 시선"**을 강물에 흘러 보낸다. 마지막 제4연에서 **"머릿속으로 품어 안은 현란한 가을 정취/산 그늘 내리기 전에/한 자락 남은 여백에다/단풍으로 물든 내 마음을/곱게 붓질해 본다"**고 한다. 인생의 지나온 삶을 그림으로 그려보는 심정일 것이다.

하정선 시인은 가끔 **"홀연히 떠나고 싶은/가을 초입의 밤/내 마음 보헤미안이"**(가을 문턱 中에서) 되어 보기도하고, **"눈 시린 무지개처럼/찬란하게 빛났으면 좋으련만..."**(무지개처럼 中에서)이라고 생각하면서 **"굳은 마음 사르르 녹아내는/내 마음의 눈"**을 가진다.

하정선 시인의 시편 중에 형이상학적 시(metaphysical poem)를 가끔 발견하게 된다. 이는 아마도 불심에서 나오는 시詩라고 생각하고 싶다. 영국의 시인 존 던(Donne, John; 1573~1631)이 생각난다. 문학은 당대의 사회적 사고, 정치, 경제와 사상의 사조와 밀접한 관계에서 일어나기 때문에 시대적 역사의 흐름에 의한 영향을 많이 받는다.

시詩는 좋고 나쁨을 떠나 시인의 진정한 마음에서 우러나는 시詩로서, 너무 어렵게 쓰인 시詩보다 대중성이 있는 시詩를 쓸 줄 알아야 할 것이다. 다양한 측면에서 쓰이는 시詩가 훌륭한 시詩가 될지도 모른다. 아름답고 진실 된 시詩를 쓰고 있는 시인이 하정선 시인이며, 그 속에 녹아 있는 불심을 볼 수 있다.

우리가 일상생활에서 상대적 가치를 추구하는 사람이라도 시인이 되어 시詩를 쓸 때는 대체적으로 절대적 가치를 탐구하려한다. 시詩는 인생과 자연, 그리고 이 우주에서 일어나는 숨소리와 속삭임 속에서 진리를 캐기 때문이다. 시인은 태어날 때부터 시인이 되는 것은 아니다. 누구나 시인이 될 수 있을 뿐이다. 시인과 시인 아닌 사람의 차이는 각자가 가지고 있는 감정을 글로써 표현하는 데에 얼마나 세련되고 익숙하는 가에 달려있다. 그러므로 많은 시詩를 읽는다든가, 아니면 끝없이 노력함으로 훌륭한 시인이 될 수 있기 때문이다. 더욱이 종교나 철학이나 예술적 사고가 있는 사람에게는 시詩를 쓸 때에 그 시詩속에 자기의 지식과 예술이 녹아 있는 것을 볼 수 있다.

아마도 하정선 시인의 작품에는 불심이 녹아 있는 것을 느낄 수 있다. 그 아름다운 마음으로 시詩를 써서 우리 문단에 훌륭한 업적을 남기는 시인이 되기를 부탁하며 하정선 시인의 시집 『징검다리』를 세상에 내놓게 됨을 축하한다.

징검다리 정가 15,000원

2023년 3월 27일 인쇄
2023년 3월 30일 발행

저 자 : 하 정 선
발행인 : 박 중 열
발행처 : 다솜출판사
인쇄처 : 효성문화사

등록번호 : 1994년 4월 22일 제325-2001-000001호
부산광역시 중구 대청로 135번길 10-1
TEL : (051)462-7207/8 FAX : (051)465-0646

ISBN 978-89-5562-743-5 03810

※ 본 도서는 한국예술인복지재단 2022년 상반기 창작준비금지원사업 선정으로 발간하였습니다.